BEI GRIN MACHT SICH IHR WISSEN BEZAHLT

AF154692

- Wir veröffentlichen Ihre Hausarbeit, Bachelor- und Masterarbeit

- Ihr eigenes eBook und Buch - weltweit in allen wichtigen Shops

- Verdienen Sie an jedem Verkauf

Jetzt bei www.GRIN.com hochladen und kostenlos publizieren

Dominik Heinz

Open Office XML Export

Studienarbeit

GRIN Verlag

Bibliografische Information der Deutschen Nationalbibliothek:

Die Deutsche Bibliothek verzeichnet diese Publikation in der Deutschen National-bibliografie; detaillierte bibliografische Daten sind im Internet über http://dnb.d-nb.de/ abrufbar.

Dieses Werk sowie alle darin enthaltenen einzelnen Beiträge und Abbildungen sind urheberrechtlich geschützt. Jede Verwertung, die nicht ausdrücklich vom Urheberrechtsschutz zugelassen ist, bedarf der vorherigen Zustimmung des Verla-ges. Das gilt insbesondere für Vervielfältigungen, Bearbeitungen, Übersetzungen, Mikroverfilmungen, Auswertungen durch Datenbanken und für die Einspeicherung und Verarbeitung in elektronische Systeme. Alle Rechte, auch die des auszugsweisen Nachdrucks, der fotomechanischen Wiedergabe (einschließlich Mikrokopie) sowie der Auswertung durch Datenbanken oder ähnliche Einrichtungen, vorbehalten.

Impressum:

Copyright © 2004 GRIN Verlag GmbH
Druck und Bindung: Books on Demand GmbH, Norderstedt Germany
ISBN: 978-3-640-87314-2

Dieses Buch bei GRIN:

http://www.grin.com/de/e-book/169047/open-office-xml-export

GRIN - Your knowledge has value

Der GRIN Verlag publiziert seit 1998 wissenschaftliche Arbeiten von Studenten, Hochschullehrern und anderen Akademikern als eBook und gedrucktes Buch. Die Verlagswebsite www.grin.com ist die ideale Plattform zur Veröffentlichung von Hausarbeiten, Abschlussarbeiten, wissenschaftlichen Aufsätzen, Dissertationen und Fachbüchern.

Studienarbeit

Berufsakademie Stuttgart Außenstelle Horb
Medien – und Informationstechnik

Thema:
OpenOffice XML Export

Juni 2004

Student:

Dominik Heinz

Ausbilderbetrieb:

Cenit AG Systemhaus
Industriestrasse 52 - 54
70565 Stuttgart

Zusammenfassung

Themenstellung:

Im Rahmen eines Projektes zur Erstellung eines Wissensmanagement – Systems soll eine Export – Schnittstelle von der OpenOffice Writer Komponente in ein vorgegebenes XML – Format realisiert werden. Dabei unterteilt sich die Studienarbeit in zwei Kern - Aufgaben. Zum einen soll die Ausgabedatei des OpenOffice Writer eingehend untersucht werden und zum anderen soll die Export - Funktion implementiert werden.

Zielstellung:

Vorgegebenes Ziel ist eine automatisch generierte, flache XML – Datei, welche kompatibel zu einer vorgegebenen DTD ist und dabei alle Meta -, Stil -, und Link – Informationen und den Inhalt des vorliegenden Dokuments enthält. Vorgabe ist die Vollständigkeit der exportierten XML – Datei, nicht aber die saubere Integration in den OpenOffice Writer.

Umfeld:

Diese Studienarbeit baut auf der Studienarbeit von Mathias Frömmer auf, in der der Prototyp eines Semantic Webbrowsers realisiert wurde. Dabei arbeitet eine kleine Gruppe von Studenten an der Weiterentwicklung dieses Wissensmanagementsystems. Die einzelnen Teilaufgaben werden später noch genauer beschrieben.

Ergebnis:

Das Ergebnis ist ein einfach zu bedienender Export – Prozess, der eine XML – Datei ausgibt, die allen Vorgaben entspricht.

Inhaltsverzeichnis

1   Glossar

HTML	Hypertext Markup Language
Java	Objektorientierte Programmiersprache
PDF	Portable Document Format
RDF	Resource Description Framework
RTF	Rich Text Format
SAX	Simple Api for XML
SGML	Standard Generalized Markup Language
URI	Universal Resource Identifier
UTF – 8	8 Bit Unicodeformat
XML	Extensible MarkUp Language
XSL – FO	XSL – Formatting Objects
XSL	Extensible Stylesheet Language
XSLT	XSL Transformation
OOo	OpenOffice.org
SXW	StarWriter Datei (= OpenOffice Writer Datei)
ZIP	Zipped Package

2   Einleitung

In der Studienarbeit von Mathias Frömmer wurde der Prototyp eines Semantic Webbrowsers realisiert. Diese Studienarbeit finden sie als Anlage auf der beigelegten CD. Basierend auf dieser Studienarbeit sollte nun eine Gruppe von Studenten verschiedene Erweiterungen implementieren. Zum einen sollte durch das Hinzufügen von verschiedenen Import – und Export – Filtern die Kompatibilität erhöht werden und zum anderen durch die Implementierung eines Such - Algorithmus der Browser erweitert werden.
Da der Semantic Webbrowser nur XML – Dateien akzeptiert, ist es notwendig, die verschiedensten Eingabeformate in das XML – Format zu portieren.

Die Syntax von XML – Formaten wird in einer DTD fest definiert. Das heisst jedes Element und jede Baumhierarchie muss ich der DTD vorgegeben werden. Die DTD des Semantic Webbrowsers nennt sich „mydoc.dtd".

In der Studienarbeit von Mathias Frömmer wurde bereits der Konverter 'majix' für die Portierung RTF zu XML eingesetzt. Da RTF (Rich Text Format) ein gängiges Ausgabeformat von Microsoft Word ist, ist damit der Export von Microsoft Office realisiert.

Nun sollten noch weitere Filter implementiert werden:

- Ein Filter für die Protierung TEX zu XML. LaTeX ist ein alter und bewährter Standard in der Textformatierung.
  Dieser Filter wurde umgesetzt
- Ein Export – Filter, der Daten aus dem Semantic Webbrowser in ein PDF (portable Document Format) druckt.
  Dieser Exportfilter wurde implementiert
- Ein Export – Filter für die Portierung SXW zu XML, also ein Export – Filter für die OpenOffice Writer – Komponente.
  Dieser Filter wurde umgesetzt von Dominik Heinz und ist somit Thema dieser Studienarbeit

Des weiteren sollte noch ein Suchalgorithmus implemetiert werden:

- Diese Erweiterung wurde implementiert

3   Sinn und Zweck

In der Studienarbeit von Matthias Frömmer wurde ein Semantic Webbrowser als Prototyp entwickelt. Der Begriff „Semantic Web" stellt eine Quasi – Weiterentwicklung des Internets dar. Die Idee ist ein Semantisches Netzwerk, in dem Entitäten (Bilder, Texte, Gegenstände) über verschiedene Kanten (Eigenschaften, Handlungen) miteinander versbunden sind. Wenn in einem solchen Netzwerk ein spezielle Information gefunden werden soll, so kann direkt ein intelligenter Findungsalgorithmus implementier werden, der nicht nur nach bestimmten Begriffen, sondern auch nach Begiffen in einem bestimmten Zusammenhang suchen kann. Bisher werden alle Informationen in XML und RDF (Resource Description Framework) abgespeichert

Da sich OpenOffice mehr und mehr durch seine breite Unterstützung von verschiedenen Formaten in den Vordergrund drängt ist es sinnvoll, einen Filter für Dateien der OpenOffice Writer – Komponente zu erstellen.

4   Theoretische Grundlagen

4.1   Technologien (xml)

4.1.1   XML – Xtensible Markup Language

Die "Extensible Markup Language" ist eine vereinfachte Form der SGML und Quasi-Standard zur Erstellung strukturierter Dokumente im World Wide Web oder in einem Intranet. XML wird "erweiterbar" (extensible) genannt, weil man hier seine eigenen Auszeichnungs - Tags erstellen kann.

4.1.2   DTD – Data Type Definition

Eine DTD ist die Beschreibung der Inhalte einer XML-Datei. Die XML - Spezifikation beschreibt dafür genaue Mechanismen wie eine DTD definiert werden muss und wie sie verwendet werden soll. Im Allgemeinen ist eine DTD jedoch nichts weiter als eine Datei im Text-Format mit der Dateiendung .dtd. Es kann daher für die Editierung ein Text-Editor oder ein spezieller DTD-Editor verwendet werden. Letzterer birgt meist den Vorteil, dass bei der Erstellung einer DTD nicht viel falsch gemacht werden kann.

4.1.3   Namespaces

In XML werden die Bedeutungen der Attribute bzw. der Datentypen nicht durch eine Document Type Definition festgelegt, sondern durch Schemas. Diese XML-Schemas werden in einem Namespace (engl.: Namensraum) expliziert und auf einer Website niedergelegt. Der Namespace definiert die verwendeten Attributnamen.

4.1.4   XSL / XSLT – Xtensible Stylesheet Language

XSL steht für Extensible Stylesheet Language und beschreibt die Darstellung und Behandlung von XML-Daten mit Hilfe von XSL Stylesheets. XSL als Sprache umfasst sowohl XSLT, als Transformationssprache, und XSLT(-FO) als Formatierungssprache. Beide sind von XML abgeleitet - folgen also dessen Syntax und Regeln. XSLT stellt Elemente bereit, die die Transformation (Umwandlung) von XML-Daten in Daten anderen Formats erlauben (wie z.B. HTML, RTF, ...). XSL-FO seinerseits stellt wiederum Elemente zur Verfügung, mit denen festgelegt werden kann, wie XML-Daten angezeigt werden sollen (ähnlich CSS). Diese Studienarbeit wird sich auf die Transformierung konzentrieren.

4.1.5 XPath – XML Path Language

Ziel von XPath ist es, eine Methode zu bieten, nach der einzelne Elemente (oder Gruppen von Elementen) in XML - Dokumenten direkt adressiert werden können, ähnlich, wie es in HTML mittels <a name=...> auch möglich ist.

XPath entstand schon 1998 im Zusammenhang mit XSL(T). Ebenso wie XLink wurden damals alle diese Bestandteile innerhalb von XSL integriert. 1999 wurden die einzelnen Bestandteile von XSL jedoch gelöst und in eigene Arbeitsgruppen verpackt. Schon Ende 1999 wurde XPath zur Recommendation (Empfehlung des W3C) erklärt und blieb seitdem weitestgehend unverändert.

Wie in XSLT und XML vorgeschrieben, sieht auch XPath die einzelnen Objekte (Elemente, Attribute, Kommentare usw.) als Knoten an. Man kann sich ein XML mit diesem Hintergrund als eine Art Baum vorstellen: Jedes Element bildet einen Ast von dem wiederum andere Äste (die Unterelemente und Attribute) abzweigen können. Jeder Knoten kann einen erweiterten Namen und einen Textwert besitzen - beide können z.B. zur Verwendung mit XSLT herangezogen werden.

4.1.6 Xlink – XML Linking Language

Die XML Linking Language (kurz: XLink) ist eine Sprache die es ermöglicht, innerhalb von XML-Dokumenten Links zu erzeugen, ähnlich zu <a> - oder <img> - Links in HTML . Links in HTML haben verschiedene Nachteile:

- Sie sind fest an den Tagnamen gebunden
- Sie können nur Links vom aktuellen Dokument zu externen Ressourcen abbilden

Zielsetzung von XLink ist es, eine einheitliche Syntax festzulegen, die an keine spezielle XML-Implementierung gebunden ist, auf die aber alle XML-basierten Sprachen zurückgreifen können. Dabei sollen Links möglichst flexibel definiert werden können.

4.1.7 XPointer – XML Pointing Language

XPointer definiert eine auf XPath aufbauende Sprache, die in URIs verwendet werden kann, um Teile eines XML-Dokuments zu adressieren. XPointer bietet drei verschiedene Formen zur Adressierung von Dokumentteilen: Bare-Names, Child Sequence und Full XPointer.

4.1.8   XSLT - Prozessor

Ein XSLT – Prozessor ist ein Programm, das eine XML – Datei ensprechend einem angegebenen XSLT – Stylesheet umwandelt. Dabei muss das Ausgabeformat keinswegs XML sein. Je nach Stylesheet kann die Ausgabe in Text, HTML, DocBook oder LaTeX oder einem eignen Format erfolgen.

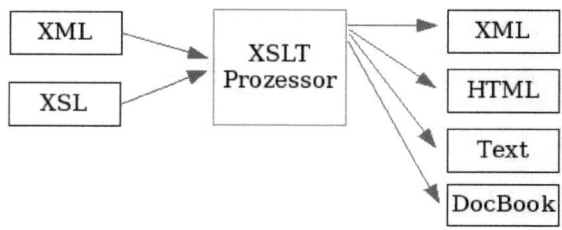

Bild 1

Ein bekannter XSLT – Prozessor ist Xalan, welcher auch in OpenOffice zum Einsatz kommt.

4.1.9   XMLParser

Ein XSL – Parser ist ein kleines Programm, welches eine XML – Datei einliest und erkennt. Debi wird u.a. überprüft, ob das Dokument wohlgeformt ist. Nach dem einlesen des Dokuments kann der Daten – Strom bespielsweise von einem XSLT – Prozessor weiterverarbeitet werden.

Ein bekannter XSL – Parser ist Xerces von apachefriends.org.

4.2   Formate

4.2.1   XHTML

XHTML ist die Reformulierung von HTML 4.0 in XML 1.0. Damit können Web-Seiten als strukturierte Daten im XML-Format kodiert werden. XHTML soll HTML als allgemeine Auszeichnungssprache (Markup Language) für Webseiten ersetzen.

4.2.2   DocBook

DocBook beschreibt eine spezielle Untergruppe von XML: Der Autor erfasst neben dem reinen
Text zugleich dessen logische Struktur. Dies eröffnet die Möglichkeit zu zahlreichen
Transformationsvorgängen in nahezu beliebige Ausgabeformate. Ein und dieselbe DocBook-Datei
kann so Grundlage für ein Dokument im Internet oder ein gedrucktes Buch sein.

4.2.3   Mydoc (Semantic Web)

Mydoc kann als das Dateiformat des Semantic Webbrowsers verstanden werden. Die entsprechende
DTD definiert genau die Struktur und die Elemente der XML – Dateien. Es kann also gesagt
werden, dass als Ergebnis dieser Studienarbeit eine Mydoc – Datei erwartet wird.

4.3   Applikationen

4.3.1   OpenOffice

OpenOffice ist das kostenlose Pendant von Suns Office Suite Staroffice. OpenOffice ist für die
Platformen Windows, Linux und Macintosh zu haben und Open Source Software. Das
Textverarbeitungsprogramm davon ist der OpenOffice Writer. Diese Studienarbeit handelt von
Dokumenten, die mit diesem Writer erstellt wurden. Die aktuellste Version von OpenOffice ist
v1.1.1

4.3.2   Saxparser

Der Saxparser ist ein XML – Parser und kommt in OpenOffice zum Einsatz. SAX heißt Simple API
for XML, und wurde von den Mitgliedern der XML-DEV Mailing List entwickelt. Am 11. Mai
1998 wurde die Version 1.0 veröffentlicht.

SAX ist "event based". Das bedeutet, daß der Parser, wenn er ein bestimmtes XML-Konstrukt
(beispielsweise ein Element, ein Kommentar oder eine Processing Instruction) liest, ein Ereignis
auslöst. Auch bei Fehlern oder Warnungen löst der Parser ein Ereignis aus. Diese Ereignisse
können vom Entwickler ganz individuell behandelt werden, indem man einen eigenen Eventhandler
schreibt, und diesen beim Parser registriert. So kann die Applikation je nach Anforderung auf das

XML-Dokument reagieren.

4.3.3 Semantic Webbrowser

In der Studienarbeit von Matthias Frömmer wurde ein Semantic Webbrowser als Prototyp entwickelt. Der Begriff „Semantic Web" stellt eine Quasi – Weiterentwicklung des Internets dar. Die Idee ist ein Semantisches Netzwerk, in dem Entitäten (Bilder, Texte, Gegenstände) über verschiedene Kanten (Eigenschaften, Handlungen) miteinander verbunden sind. Wenn in einem solchen Netzwerk ein spezielle Information gefunden werden soll, so kann direkt ein intelligenter Findungsalgorithmus implementier werden, der nicht nur nach bestimmten Begriffen, sondern auch nach Begiffen in einem bestimmten Zusammenhang suchen kann. Bisher werden alle Informationen in XML und RDF (Resource Description Framework) abgespeichert.

5   Konzeption

Das Kapitel der Konzeption untersucht die Grundlagen und Voraussetzungen der Studienarbeit. Hier soll geklärt werden, welche Quelldaten relevant sind und ein tiefer Einblick die Dateiablage der Writer – Komponente gegeben werden.

Des weiteren wird hier in IST / SOLL Zustand diskutiert und die Aufgabenstellung konkretisiert. Ausserdem werden die Anforderungen an den Export – Filter genau definiert.

5.1   OOo Dateiformat – Das Ausgangsformat

Das Dateiformat von OpenOffice hebt sich deutlich von der Konkurrenz ab, indem es den offenen Standard XML verwendet. Dabei basieren alle Dateiformate der einzelnen OpenOffice Programme auf diesem Format. Dieses wurde in einem 500 Seiten umfassenden Dokument spezifiziert. Jedes OpenOffice.org Dokument besteht aus einem Zip-Archiv, welches einzelne XML Dateien für den Inhalt, die Styles und die Metadaten enthält. OASIS benutzt das Dateiformat von OpenOffice.org als Basis für die Entwicklung eines industrieweiten Standards eines offenen Dokumentenformates für Büroanwendungen. Für gewöhnliche Endanwender bedeutet dies, dass auf den Inhalt von Dokumenten auch zugegriffen werden kann, ohne OpenOffice.org zu benutzen.

5.1.1 Analyse der OpenOffice Writer Datei

Aufgabenstellung:

Zunächst soll einmal das Standard – Dateiformat von der OpenOffice Writer – Komponenteanalysiert werden. Hier ist insbesondere zu klären, wie die unterschiedlichen Gestaltungselemente der Textverarbeitung abgelegt werden. Darüberhinaus soll analysiert werden, wie die OpenOffice Writer – Komponente mit von Benutzern definierten Formaten umgeht.

Aus Gründen der Übersicht werden jedoch nicht alle Informationen in einer einzelnen Datei abgespeichert, sondern in ein Set von vier XML – Dateien aufgeteilt. Sie beinhalten Einstellungs-, Meta-, Inhalts- und Stildaten. Zusätzlich werden noch eine Mimetype-Datei angelegt und ein Verzeichnis, welches sämtliche, im Dokument enthaltenen, Bilder enthält.
Da aber ein Set an so vielen Dateien als Ausgabeformat sehr unpraktisch wäre, werden sie in einem ZIP – Archiv abgelegt, welches nicht die Dateiendung .zip sondern die Dateiendung .sxw erhält.

Um die Datei zu entpacken genügt es, sie mit der Endung .zip umzubenennen, mit einem gängigen Packertool (gzip/winzip) zu öffnen und in ein bestimmtes Verzeichnis zu extrahieren.

Da XML – Dokumente generell dem Gesetz der „wohlgeformtheit" unterliegen müssen, ist es sinnvoll zu allererst die Grundstruktur eines OpenOffice Writer Dokuments zu untersuchen. Auffallend ist, dass die einzelnen XML – Dateien in der Writer – Datei nicht autonom verwaltet werden, sondern ein einzelnes XML – Konstrukt repräsentieren, das in vier Dateien aus Gründen der Übersicht aufgeteilt wurde.

Die Baumstruktur der OpenOffice Writer XML – Dateien

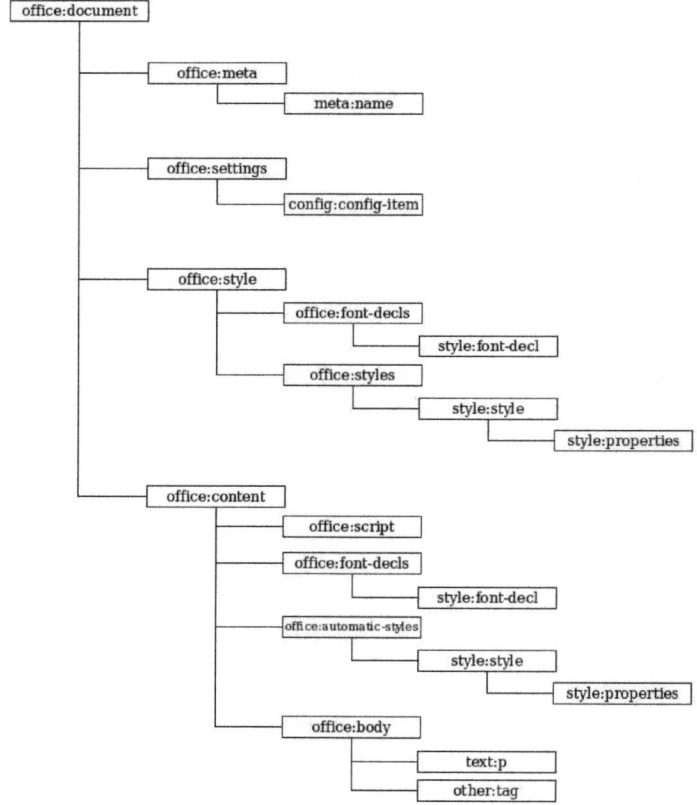

Bild 2

Die Baumstruktur des Dokuments hat als Wurzelelement (root – Knoten) den Knoten 'offic:document'. Basierend auf diesem Knoten spaltet sich die Struktur in vier große Zweige auf:

- office:meta wird in der Datei 'meta.xml' abgelegt.
- office:settings wird in der Datei 'settings.xml' abgelegt
- office:style wird in der Datei 'style.xml' abgelegt
- office:content wird in der Datei 'content.xml' abgelegt

Im folgenden sind diese vier Dateien auf ihren Inhalt hin untersucht worden. Dabei wurde immer der Vergleich zu der DTD des Semantic Webbrowsers gezogen um die Relevanz der einzelnen Elemente abzuschätzen. Zusammenfassend kann aber vorweg genommen werden, dass die Datei 'settings.xml' die einzige ist, die keine relevanten Informationen enthält.

5.1.1.1 Metadaten (office:meta)

In der Datei meta.xml werden sämtliche Metadaten des Dokuments untergebracht. Diese umfassen nicht nur den Namen und den Namen des Betriebssystems des Authors, sondern auch viele Informationen über die Erstellung des Dokuments. Die vorliegende Version, die Anzahl der vorhandenen Versionen, das Datum der Erstellung, die Systemsprache der installierten OpenOffice Version und noch eine ganze Reihe an statistischen Informationen über den Text, wie zum Beispiel: Anzahl der Worte, Anzahl der Zeilen et cetera. Allerdings sind die meissten dieser Informationen für diese Studienarbeit nicht besonders interessant, da es in der Vorgegebenen DTD keine Tags gibt, die für die Referenz derartiger Informationen geeignet wären.

5.1.1.2 Einstellungen (office:settings)

Die Datei settings.xml ist allerdings noch weniger interessant. Hier finden sich eine ausführliche Auflistung der Einstellungen, die der Autor an seinem OpenOffice Writer vorgenommen hat. Neben diversen Fenster – und Ansichtseinstellungen finden sich hier auch alle Angaben zur Konfiguration und Nutzung des Druckers. Da der Sematic Webbrowser keine unterschiedlichen Ansichten oder Druckereinstellungen unterstützt, wurde diese Datei nicht weiter betrachtet.

5.1.1.3 Stilinformationen / Gestaltungselemente (office:styles)

Im Gegensatz dazu besteht die Datei style.xml quasi aus relevanten Informationen. Hier werden alle Gestaltungselemente, die in einem Dokument vorkommen, beschrieben. Diese umfassen nicht nur die verschiedenen Textformatierungen wie 'fett' oder 'kursiv' sondern beschreiben auch die Stile von Auflistungen und Formatierungen von Tabellen. Da sich ein Großteil der Studienarbeit dem Stil – Export widmet, möchte ich die Definition der Gestaltungselemente hier näher erläutern:

Um einen Stil zu definieren wird von OpenOffice der Knoten 'style:style' verwendet, welcher mit einem Knotennamen als Attribut referenziert werden kann. Bei der Definition von Text – Styles werden hierbei ein Attribut mit dem Namen 'style:name' und einem Wert, der sich aus einem 'P' und einer Zahl, welche pro Style imkementiert wird, zusammensetzt, genutzt. Einige andere Attribute geben Auskunft über die Einordnung des Styles.

```
Beispiel:
<style:style style:name="P1" style:family="paragraph" style:parent-
style-name="Standard" style:class="text"> [...] </style:style>
```

Als Kindelement dieses Styleknotens wird ein weiteres Element erzeugt, welche sämtliche Styleinformationen enthält. Das Kindelement trägt den Namen 'style:properties' und listet der Reihe nach, je nach Zuordnung, alle Informationen über die Textformatierung auf.

```
Beispiel:
<style:properties fo:font-size="115%" fo:font-weight="bold"
style:font-size-asian="115%" style:font-weight-asian="bold"
style:font-size-complex="115%" style:font-weight-complex="bold"/>
```

Dieses Element enthält jedoch keine Informationen über das Schriftbild. Die Schriftbildinformationen werden im oberen Teil der Datei style.xml definiert und werden unter dem Elternelement 'office:font-decl' aufgelistet.

5.1.1.4 Inhalt (office:content)

Letzte und wichtige Datei ist content.xml. Wie der Name verrät, enthält diese Datei den kompletten Inhalt des Dokuments exklusive der Bilder. Zusätzlich findet sich im oberen Teil der Datei noch eine Kopie der wichtigsten Style – Definitionen aus der Datei style.xml. Vermutlich wollten die OpenOffice Entwickler hier einen XML – Export erleichtern, da somit die meissten interessanten Daten in einer Datei vereint sind und nicht alle vier Dateien verarbeitet werden müssen. Da diese Studienarbeit jedoch eine UNO – basierte OpenOffice API (welche später noch näher erläutert wird) für den Export verwendet ist dieser Vorteil rudimentär.

Um den Dokumenteninhalt wiederzugeben wird für jeden Textabschnitt, dem ein eigenes Gestaltungselement zugeordnet ist ein neues XML – Element ('text:x') generiert. Das 'x' ist hier wahlweise zu ersetzen durch 'p' wie 'Paragraph oder 'h' wie Heading. Ausserdem gibt es noch einige Sonderformen wie 'span', 'list' und ähnliche. Wird also beispielsweise in einem längeren Textabschnitt nur ein Buchstabe Fett gedruckt, so wird an dieser Stelle eine neues Element generiert. Dieses Element trägt als Attribut den Namen der passenden Stildefinition der Datei 'style.xml' und als Wert den Inhalt des Textabschnitts

```
Beispiel:
```

```
<text:p text:style-name="P1"> Ich bin ein Text </text:p>
```

In dieser Datei werden auch alle übrigen Inhalte wiedergegeben, wie beispielsweise Bilder, Links, Tabellen, Aufzählungen und Listen.

5.1.2   Office – interne und selbstdefinierte Styles

Sobald ein OpenOffice Writer Dokument abgespeichert ist, ist nicht mehr erkennbar, ob ein Textstil selbstdefiniert wurde oder von einer vorgegebenen Maske kam. Man hat lediglich die Liste der Styles, die Vorlaufend mit P1, P2, P3, usw. benannt sind. Zusätzlich gibt es jedoch noch allgemeine Standard – Schriftbilder, die ein eigenes Element besitzen, wie zum Beispiel die verschieden Überschriften (Heading 1, Heading 2, ...) und die verschiedenen aus HTML bekannten Tags wie 'strong', 'emphasized' oder 'marginalie'. Bei kombinierbaren Styles, beispielsweise solche die Angaben wie 'fett' oder 'unterstrichen' haben, werden die oben genannten Style – Definitionen verwendet.

5.1.3   Ablage und Aufruf von Bildern

Die Bilder des Dokuments werden im Verzeichnis 'Pictures' abgelegt und über einen XLink referenziert. Das entsprechende XML – Element findet sich wie oben angedeutet in der Datei 'content.xml' und trägt die Bezeichnung 'draw:image'. Dieses Element enthält eine ganze Reihe an Attributen, von denen jedoch nur das Attribut 'xlink:href' für uns von Relevanz ist.

```
Beispiel:
<draw:image draw:style-name="fr1" draw:name="Grafik1" text:anchor-
type="paragraph" svg:width="5.98cm" svg:height="5.98cm" draw:z-
index="0" xlink:href="#Pictures/10000000000000E2000000E2459CCEB9.gif"
xlink:type="simple" xlink:show="embed" xlink:actuate="onLoad"/>
```

Was jedoch hier große Probleme bereitet ist vermutlich die Raute vor der Bild – Url. Die meissten XSLT – Prozessoren lesen den Link ohne Probleme aus, beim OpenOffice Export jedoch wird ein leerer String übergeben. Dazu später mehr.

5.1.4   Defintion von Internet Links

Die Internet – Links des Dokuments werden mittels XLink definiert. Dabei gibt es keine besondernen OpenOffice – Objekte. Auch der Export von Internet – Links ist Problemlos. Es muss einfach nach nach dem Tag „Internet Links" gesucht und dieser dann entsprechend exportiert werden.

5.2 XML – Format des Semantic Webbrowsers – das Zielformat

Das XML – Format des Semantic Webbrowsers wird von einer DTD genau beschrieben. Was allerdings nicht in der DTD angegeben ist, ist der Name des root – Elements der XML Datei. Daher wurde als root – Element schlicht der Name der DTD 'mydoc' gewählt. Die wesentlichen Unterschiede zwischen dem OpenOffice XML Format und dem SWB – XML – Format sind

- eine komplett unterschiedliche DTD
- eine einzelne „flache" XML Datei statt einem Set von Vieren

5.3 Transformation

5.3.1 Extraktion des Archivs

Um die Transformation der vier Ausgangsdateien in eine Zieldatei durchzuführen, gibt es drei zentrale Aufgabenstellungen. Als erstes müssen die vier XML – Dateien aus dem ZIP – Archiv extrahiert werden. Ob dies manuell gschieht (beispielweise mit einem batch- oder shell-Skript) oder voll automatisiert ist nicht vorgegeben.

5.3.2 Erzeugung einer „flachen" XML - Datei

Außerdem müssen alle Elemente und Attribute der vier XML – Dateien in eine einzelne, flache XML – Datei überführt werden. Es gibt im Internet berichte über Versuche, diese Verbindung mittels Xalan – Prozessor umzusetzen, jedoch scheiterten die meissten an einem bestimmten Bug, der nicht näher dokumentiert wurde. Hier ist also Bedarf an einer anderen Lösung.

5.3.3 Transformation in das neue XML - Format

Als dritte Teilaufgabe müssen alle relevanten Tags entsprechend der DTD des Semantic Webbrowsers transformiert werden. Falls die oberen beiden Teile erfolgreich waren kann hier ein Stylesheet umgesetzt werden, welche die eingegebene XML – Datei in das neue Format ensprechend der mydoc.dtd überführt. Dieses Styleshett wird dann zusammen mit der flachen

OpenOffice XML – Datei an den XSLT – Prozessor übergeben, der dann die Transformation durchführt.

6   Umsetzung

6.1   Umsetzung eines OOo Export – Filter

Um von einer OOo - Komponente Dateien ein fremde Dateiformat zu exportieren, hat man drei verschiedene Möglichkeiten. Auf die harte Tour mit einer Verlinkung des OpenOffice Applikationskerns, auf komfortablen Weg mittels Implementierung einer OpenOffice API oder mit der billig – Lösung durch die Ausnutzung des OpenOffice XML - Dateiformats. Im folgenden werden die drei Optionen kurz vorgestellt und verglichen.

6.1.1   Verlinkung des OpenOffice Applikationskern

Mit einem Verweis auf den OpenOffice Applikationskern. Die Verwendung der Kerndatenstruktur von OpenOffice ist die traiditionelle Methode der Filter - Implementierung. Die Vorteile liegen bei der hohen Effizienz und dem direkten Zugriff auf das Dokument. Allerdings gibt es hier eine Reihe von technischen Hürden und Nachteilen. Zum Beispiel müssen alle Objekte, die auf die geänderten Kerndaten zugreifen, passend zu dem neuen Kern kompiliert werden. Vor allem, wenn gleichzeitig an verschiedenen Filtern gearbeitet wird, ist hier eine Synchronisation eine echte Herausforderung.

6.1.2   Implementierung einer UNO – basierten OpenOffice API

Als zweite Möglichkeit kann eine OpenOffice API implementiert werden, welche auf dem UNO – Modell basiert. Das UNO – Modell ist ein von Sun erstelltes Refezenzdesign, das einem Entwickler die Möglichkeit gibt mit beinahe belibigen Programmiersprachenzu arbeiten. Beipsielsweise werden Java, C und Basic unterstützt. Die mit diesem Modell implementierten Applikationen kommunizieren mit OpenOffice dann mittels einem loaken Netzwerk. Dabei funktioniert die OpenOffice – Komponente als Host und „lauscht" auf dem Port 8001 mit dem URP – Protokoll (UNO Resolution Protocol).

Mit dieser Methode werden die Probleme umgangen, die bei einer direkten Verlinkung des Applikationskerns auftreten. Ausserdem kann ein Filter wahlweise in C oder Java implementiert werden, der direkten Zugriff auf das Dokument hat. Es kann nun direkt mit dem Office – internen Dokumenten – Modell gearbeitet werden. Innerhalb von OpenOffice wird ein Dokument als 'model' gehalten, welches mit einer Export – Logik exportiert werden kann.

Eine solche Logik wurde bereits vom OpenOffice – Team entwickelt und ist unter dem Namen „Xmerge" zu finden:

- **xmergebridge**
  Die xmergebridge ist eine Implementierung eines solchen Export Filters und liegt als Java –
  und C – Quellcode im CVS – System, von OpenOffice.org vor. Basierend auf dieser
  Implementierung gibt es bereits einige Filter, die in XML oder LaTeX exportieren.
  Mehr Informationen unter:
  http://xml.openoffice.org/source/browse/xml/xmerge

- **xflatxml**
  Xflatxml ist eine solche Implementierung eines XML – Filters. Er liegt als Java – Quellcode
  vor und umfasst etwa 3000 Zeilen. Dieser Filter bildet die Grundlage für den nächsten
  Punkt, in dem dieses XML – basierte Filtermodell erklärt wird.

6.1.3 Nutzung des XML – basierten Dateiformats

Die Nutzung des OOo XML – Dateiformats beschreibt die dritte Möglichkeit. UNO – basierte
XML Filterkomponenten bieten alle Vorteile der API – Methode und zusätzlich eine saubere,
strukturierte und komplett dokumentierte Sicht des Dokuments, was soviel heisst wie dass mit ein
Referenz – Buch besteht, mit dem gearbeitet werden kann.

Der OpenOffice XML Filter baut auf dem gleichen Modell auf wie die Xmergebridge. Er führt
selbst keine Filter - Vorgänge durch, sondern bildet eine Instanz der Filterkomponente. Der
Entwickler muss nicht auf das Objektmodell von OpenOffice zugreifen um einen Export – Filter zu
entwickeln, sondern kann das OpenOffice XML – Format ausnutzen. Soll ein Dokument exportiert
werden, so bietet der Filter eine Instanz des kompletten Dokuments im OpenOffice XML – Format.
Der Entwickler kann nun mittels einer Export – XSLT einen Filter entwerfen. Das Dokument wird
dann mit dem in OpenOffice integriertem XSLT – Prozessor umgewandelt und ausgegeben.

Es gibt bereits zwei von OpenOffice.org vorgegebene Beispiel - Export – Filter:0,21cm

- xhtml – Filter (weitere Informationen Punkt 6.3.4.2
- DocBook – Filter

6.2   Integration in den OpenOffice Writer

Ab der OpenOffice Version 1.1.0 gibt es die Möglichkeit während der Installation im Punkt
„Zusätzliche Komponenten" die Option „XSLT Beispielfilter" nach zu installieren.

- In Windows muss hierfür während der Installation das Feld „benutzerdefiniere
  Installation" angeklickt werden und dort im Menü der Punkt „XSLT – Beispielfilter"
  installiert werden.

- Unter Linux muss die gleiche Prozedur durchgeführt, jedoch beim Start der Installation
  der Parameter „./install -interactive" angegeben werden.

Wenn nun im Writer der Menüpunkt „Extras" geöffnet wird erscheint ein neues Feld Namens XML – Filtereinstellungen.

Unter diesem Menüpunkt findet sich in Fenster, in dem XML – basierte import und export – Filter angelegt werden können:

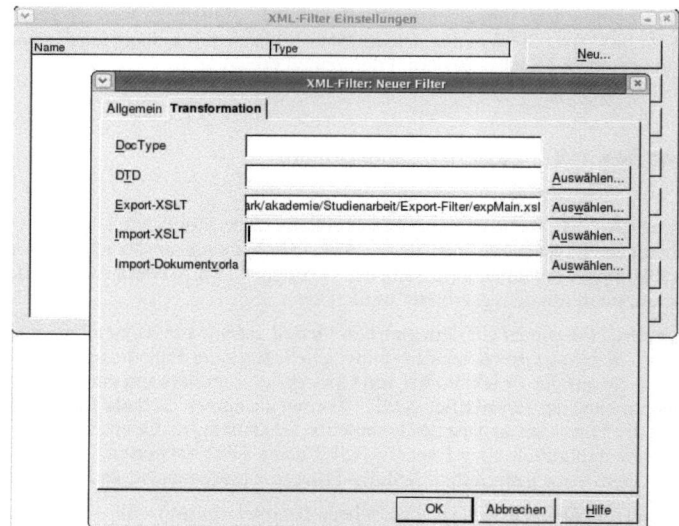

Bild 3

Es muss lediglich der Pfad zu dem erstellen XSLT – Stylesheet angegeben werden. Der Filter wird dann dauerhaft eingebunden und erscheint im Menü unter „Datei" -> „Exportieren". Normalerweise findet sich dort nur der PDF – Export. Aber nun ist ein weiteres Dateiformat dazugekommen:

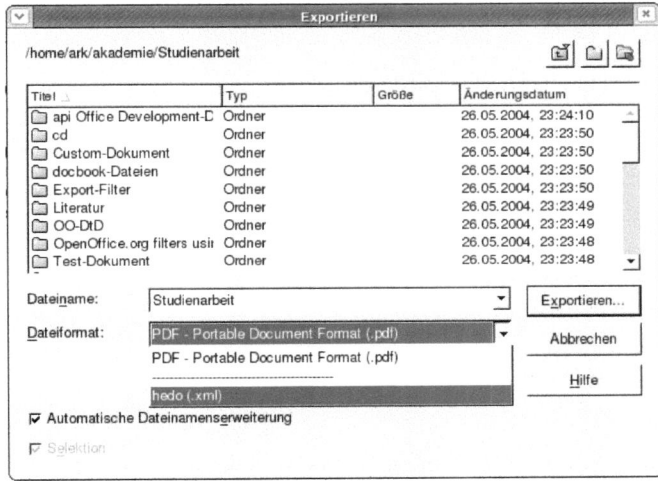

Bild 4

Es ist somit eine saubere und problemlose Integration in den OpenOffice Writer gelungen. Ab der OpenOffice Version 1.1.1 wird dieser Filter – Dialog übrigens standartmäßig installiert.

Zu beachten ist allerdings, dass der Filter nur dann funktioniert, wenn auf dem System Das Java Runtime Environment ab Version 1.4.1_01 installiert und korrekt mit OpenOffice verlinkt ist. OpenOffice fragt zwar standardmäßig bei der Installation nach einem JRE, gibt sich aber schon mit Version 1.3.1 zufrieden.

Wichtig ist auch, dass der Filter nur dann funktioniert, wenn währendder Installation die XSLT – Beispielfilter installiert wurde. In OpenOffice wird zwar ab der Version 1.1.1 der Menüpunkt „XML – Filtereinstellungen" standardmäßig mit installiert, jedoch funktioniert er zu diesem Zeitpunkt noch nicht, der Benutzer erhält einen „Ein – Ausgabe Fehler". Dieses Problem ist bekannt und wird unter der Bug – Nummer 26543 von OpenOffice.org bearbeitet. In der nächsten Version OOo 2.0 soll er behoben sein. Mehr Informationen unter:

http://www.openoffice.org/issues/show_bug.cgi?=26543

6.3   Implementierung des XSLT - Stylesheet

Nun geht es um die Implementierung des eigentlichen Stgylesheets, das das OpenOffice XML – Modell in das Format der mydoc.dtd überführt. Da hier mit einer großen Zahl an Templates gearbeitet wird, drehten sich die ersten Überlegungen um das Design des Stylesheets.

Um das Stylesheet übersichtlich zu gestalten wurde es in fünf separate Dateien aufgespalten. In der Hauptdatei 'expMain.xsl' werden nach der Angabe der für OpenOffice notwendigen Namespace URIs die vier anderen Dateien mittels `<xsl:include/>` eingebunden. Ausserdem werden hier die Metadaten des Dokuments ausgelesen und die Einstellungsdaten (office:settings) auskommentiert. Die übrigen vier Dateien wurden je nach Zielelemente aufgeteilt. Hier eine Übersicht:

- expMain.xsl: Metadaten
- expStyle.xsl: Text mit variablen Styles
- expText.xsl: Text mit festen Styles
- expTable.xsl: Tabellen
- expGraphic.xsl: Bilder

6.3.1 Meta – und Dokumentinformationen

Im Fall der Metainformationen war es nicht möglich, für alle Elemente, die in der DTD des Semantic Webbrowsers angegeben waren ein Gegenstück zu finden. Für die Elemente 'manager' und 'company' konnte weder im untersuchten Dokument, noch in der OpenOffice XML – Referenz ein passendes Element gefunden werden. Zwar hat der Autor in OpenOffice die Möglichkeit, seine Adresse, Firma und Abteilung anzugeben, im Dokument selbst tauchen diese Informationen jedoch nicht wieder auf.

Bei den anderen Fällen werden die Elemente immer passend übergeben. Dieser Vorgang funktionierte in allen Testläufen tadellos.

Hier eine Auflistung der zu exportierenden Elemente:

OpenOffice	*mydoc.dtd*
meta:generator	operator
dc:creator	author
dc:title	title
dc:description	N/A
dc:subject	subject
meta:initial-creator	N/A
meta:keywords	N/A
[...]	[...]

Wie bereits in Kapitel 5.1.1.1 beschrieben, gibt es hier noch eine Vielzahl von Elementen, die das

Verhalten von Links, die Sprache des Dokuments, eine Reihe von statistischen Angaben und weitere nur für OpenOffice relevanten Informationen enthalten. Das einzige, was ich persönlich noch gern exportiert hätte, ist die Sprache des Dokuments. Hier sollte die DTD des Semantic Webbrowsers noch um das Element 'language' bei den Meta – Informationen erweitert werden.

6.3.2   Übernahme von Bildinformationen

Wie bereits angesprochen gibt es einige Probleme bei der Übernahme der Bildinformationen. So wird bei der Nutzung des OpenOffice – internen XSLT – Prozessors die URL der Bilddatei entfernt. Im Versuch mit anderen XSLT Prozessoren blieb der Link erhalten.

Des weiteren ist es nicht Möglich, mit der verwendeten API ein Bild zu exportieren. Es müsste hier direkt an der API angesetzt werden um eine entsprechende Funktion in Java oder C++ zu implementieren. Jedoch ist dieser Aufwand insofern nicht gerechtfertigt, da der Semantic Webbrowser bisher nur RDF – und XML – Dateien annimmt, und keine binär – Dateien.

Das Bild – Element wird der Vollständigkeit halber dennoch exportiert:

OpenOffice	mydoc.dtd
draw:image (xlink:href)	graphic (url)

6.3.3   Textkörper, Überschriften und besondere Textfelder

Bei den verschiedenen Textstilen musste für jedes Element der DTD ein Beispiel in einer Textdatei erstellt werden, um dann anhand der extrahierten 'content.xml' zu untersuchen, mit welchem Element und mit welchen Element – Attributen der Format – Stil abgelegt wurde. Dabei sind nur manchmal Regelmäßigkeiten zu erkennen. Beispielsweise werden alle Überschriften mit dem Element – Tag 'text:h' abgelebt und mit dem Attribut 'style:name = Heading x' ausgestattet.

Je nach Text – Formatierung und Textstil musste hier ein passendes Template entworfen werden. Die Templates finden sich in den Dateien 'expText.xsl' und 'expStyle.xml', wie in Kapitel 6.3 erläutert wird.

Folgende Gegenüberstellung erläutert die Verbindungen:

OpenOffice	mydoc.dtd
style:name = Heading	h
style:name = Heading 1	h1
style:name = Heading 2	h2

OpenOffice	*mydoc.dtd*
style:name = Heading 3	h3
style:name = Heading 4	h4
style:name = Heading 5	h5
style:name = Heading 6	h6
style:name = Heading 7	ht
office:annotation	note
text:bookmark	attention
style:name = Emphasis	emph
style:name = Strong Emphasis	strong
N/A	prodname
style:name = Quotations	jargon
style:name = Drop Caps	tm
style:name = Example	example
N/A	kw
style:name = Text body	dl
style:name = Text body indent	dt
style:name = First line indent	dd

Für die Elemente 'kw' und 'prodname' konnte kein entsprechendes OpenOffice – Element gefunden werden.

6.3.4 Stil – und Farbinformationen

Der eigentliche Arbeitsaufwand steckt in der Transformation der Text - Paragrafen mit variablen und kombinierbaren Stilen. Wie bereits in Kapitel 5.1.1.4 erläutert, werden diese Stil - Informationen im oberen Teil des Dokuments auf eine Art und Weise definiert, die zwar möglichst kleine und effektive XML – Dateien ermöglicht, jedoch die Implementierung eines effektiven Export – Filters zu einer echten Herausforderung machen.

Auf den Seiten von OpenOffice.org und im restlichen Internet gibt es keine Beispiele für einen solchen Export, da dieser wegen einigen Problemen, die im Folgenden beschrieben werden auf den ersten Blick unmöglich erscheint. Die folgenden Paragrafen sind also ein Ergebnis von endlosem „rumprobieren":

6.3.4.1 Die Problematik der gesonderten Stildefinition

Die Stilinformationen der Textabschnitte werden in separaten XML – Elementen abgespeichert. Um die korrekte Verbindung zwischen Stildefinition und Textabschnitt zu finden, wird das Name – Attribut der Stildefinition als Attribut beim Textabschnitt angegeben. Diese Verbindung muss das XSLT – Stylesheet wieder herstellen.

```
<style:style style:name="P2" style:family="paragraph" style:parent-
style-name="Standard">
<style:properties fo:font-style="italic" style:font-style-
asian="italic" style:font-style-complex="italic"/>
</style:style>
[...]
<text:p text:style-name="P2">Kursiv</text:p>
```

Bild 5

Um die Textabschnitte den richtigen Stildefinitionen zuzuordnen würde ein Array benötigt, das mit sämtlichen Stilinformationen der style.xml gefüllt und dann von der content.xml ausgelesen werden würde. Da es jedoch in XSLT weder Arrays noch Variablen gibt, ist es nicht möglich, Werte direkt innerhalb eines XSL zu übergeben.

Das erste große Problem ist, die Stildefinition an den richtigen Textabschnitt zu übergeben.

6.3.4.2 Die Problematik des gesonderten Stilinformation

Die Stilinformationen werden dummerweise nicht in dem 'style:style' – Element abgelegt. Statt dessen wird ein Kind – Element angelegt, welches die Bezeichnung 'syle:properties' trägt und die Stilinformationen enthält. Um auf ein Kind – Element eines bestimmten Eltern – Elements zugreifen zu können sogenannte XPath – Anweisungen verwendet werden. Mit den Desciptoren 'child' als Kind oder 'descendant' als Kind, Enkel, usw. werden diese speziellen Elemente angesprochen.

(Die Idee einfach ein Template innerhalb eines anderen Template zu definieren ist in XSLt nicht möglich.)

Das zweite Problem ist, die Stilinformationen mit den richtigen Stildefinitionen zu verknüpfen.

6.3.4.3 Die Problematik der attributbasierten Stilinformation

Soweit so gut, gäbe es da nicht noch eine dritte Hürde zu nehmen. Die Stilinformationen werden nicht als Werte, sondern als Attribute angegeben. Dabei gibt es für jeden einzelnen Stil gleich mehrere verschiedenen Attribute:

```
Beispiel (kursiv):
<style:properties fo:font-style="italic" style:font-style-
asian="italic" style:font-style-complex="italic" />
```

Ein Grund hierfür ist eine möglichst hohe Kompatibilität zu verschiedenen Export – Filtern. Für die geplante Transformation reicht es jedoch aus, nur ein Attribut zu überprüfen. Die Speicherung in Attributen hat zum einen den Vorteil, dass alle Angaben in einem Knoten untergebracht werden können und zum anderen, dass ein XSLT – Prozessor diese Werte nicht versehentlich als Inhalts - Abschnitte interpretiert.

Dieser Umstand erzeugt allerdings ein sehr großes Problem, welchen in der gängigen Literatur nur am Rande oder gar nicht erwähnt wird. Das Problem ist, dass in XSLT keine Attribute von Kindelementen (descendant) ausgegeben werden können.

Vergleiche dazu: http://www.w3schools.com/XPath/XPath_location.asp

Eine Abfrage, die beispielsweise den Wert des Attributs 'fo:font-style' des Kindes von 'style:style' ausgeben soll liefert einen leeren String. Der Wert eines Kind – Elementes kann ohne Probleme ausgelesen werden, dazu findet man im Internet ein Fülle von Beispielen. Die Werte der Attribute des Kindelementes sind jedoch schwer zu kriegen. Da aber genau diese Werte benötigt werden, haben wir ein Problem.

Das dritte Problem ist, die Attribute des Kindelementes auszulesen.

Exkurs:
Von Sun wird ein vorgefertigter Beispielfilter bereitgestellt. Er soll von OpenOffice Writer in eine XHTML – Datei exportieren. Allerdings wird bei diesem Filter das Thema mit dem Stil – Export großzügig umgangen. Anstatt die Stilinformationen zu extrahieren gibt dieser Filter den Text – Paragraphen einfach den entsprechenden Style – Namen als 'Class' – Attribut mit.

```
Beispiel:    <p class="P2"> Text </p>
```

Ist ein Export der Style – Informationen überhaupt möglich?

6.3.4.4 JA! - Extraktion und Verknüpfung mittles boolscher XPath – Anweisung

Es wird also eine Funktion gesucht, die:

- Ohne Arrays oder Variablen ein Set an Werten übergeben kann
- Attribute von Elementen auslesen soll, ohne direkt auf diese zugreifen zu können.

Es nun an der Zeit über den Tellerrand von XSLT zu schauen:

Mittels XPath kann auf jedes beliebige Element innerhalb der XML – Datei zugegriffen werden. Unter Angabe des kompletten Pfades des gewünschten Elements kann dieses referenziert werden. Somit bietet es sich also an, innerhalb des Templates, das bei einem Text – Paragraphen aufgerufen wird mittels XPath auf das dazugehörige Stil – Element zuzugreifen. Um dabei das korrekte Style – Element zu erreichen, wird in der XPath – Anweisung der Stil – Name des Text – Paragraphen als Vorgabe angegeben. Der Stilname wird dabei als die konstante Variable 'styleTag' übergeben,

Des weiteren bietet XPath noch eine handvoll String – und Zahlfunktionen, die genutzt werden wollen.

Mit der XPath – Funktion 'test()' ist es möglich das Attribut eines bestimmten Elements auf eine bestimmte Eigenschaft hin zu testen. Als Ergebnis bekommt man einen boolschen Wert. Das besondere daran ist, dass diese Abfrage auch mit Attributen von Kind – Elementen funktioniert. Diese Eigenschaft ist in Literatur, die XPath behandelt selten oder gar nicht dokumentiert.

Somit ist eine gewisse Möglichkeit gegeben, Attributwerte von Kind – Elementen auszulesen. Es muss nur jedes mögliche Attribut auf seine Existenz und seinen Wert hin geprüft werden.

Der Aufruf innerhalb dieses Templates sieht nun folgendermaßen aus:

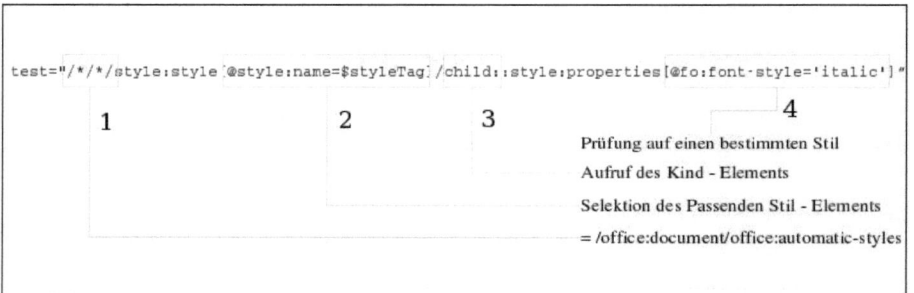

Bild 6

Mit der oben dargestellten Anweisung bekommen wir den Wert 'true', falls der Textabschnitt eine Stildefinition besitzt, die die Eigenschaft 'kursiv' (= italic) definiert. Ansonsten 'false'. Es ist nun also gelungen, den vorliegenden Textabschnitt mit der Information 'kursiv' oder 'nicht-kursiv' zu versorgen.

Einziges großes Problem ist hierbei die Übernahme von Farb – Informationen. Da der Farbwert des Stils natürlich auch in einem Attribut des 'style:properties' – Elements angegeben ist, gibt es hier keine Möglichkeit, diesen auszulesen. Es gibt nur die Möglichkeit zu überprüfen, ob der Text farbig ist oder nicht. Hier wurde als Provisorium die Default – Farbe 'FF0000' angegeben, sobald ein Text als farbig erkannt wird.

Weiterführend wurde diese Funktion soweit ausgebaut, dass es nun möglich ist alle vier in der DTD vorgegebenen Stilinformationen (bold, italic, underlined, color) zu erkennen. Da diese Format – Angaben auch kombinierbar sind, wurde eine Abfrage für jede mögliche Kombination der vier Tags implementiert. Styles werden erkannt und korrekt wiedergegeben.

Es ist nun also das komplette Dokument wiedergegeben worden.

7   Fazit

Anders als es die Implementierung von Sun's xhtml – Filter vermuten lässt, ist es möglich die Stilinformationen der Textparagraphen zu extrahieren. Das Endprodukt der Studienarbeit ist ein überraschend kleines und überschaubares XSLT – Stylesheet.

Was im Endeffekt Schranken gesetzt hat ist nicht der programmiertechnische Aufwand sondern die schlechte Dokumentation der vorhandenen Technik. Zwar finden sich zu den Themengebieten XML und XSL eine sehr große Fülle von Informationen im Internet, jedoch gehen nur die allerwenigsten ins Detail. Bei Themen wie Parameterübergabe oder XPath beispielsweise finden sich nur sehr wenige und Lückenhafte Informationen im Netz.

Das Ergebnis der Studienarbeit ist jedoch ein einfach einzubindender, leicht zu bedienender Export – Filter, der sich problemlos in die OpenOffice Writer – Komponente einbinden lässt und sämtliche Daten eines Dokuments mit einer sehr hohen Genauigkeit und Geschwindigkeit exportiert.

8   Literatur

- Elliote Rusty Harold, W. Scott Means; O'Reilly
  XML in a Nuthsell

- http://openoffice.org
  Die Homepage der OpenOffice Suite

- http://xml.openoffice.org
  Viele Informationen und Projekte zum Thema

- http://xml.openoffice.org/filters
  Verschiedene OOo – Filter, darunter auch xmergebridge

- Das OpenOffice XML Refezenzbuch

- http://www.w3schools.org
  viele Informationen zu den Themen XML, XSL etc.

- iX 1-2001; Artikel XML – Programmierung

- ISBN 3-8273-1661-8   Leseprobe
  XSL und XPath verständlich und praxisnah

- http://www.xml.com
  „Adventures with OpenOffice and XML"

- http://www.sun.com
  „The OpenOffice Project"

- http://api.openoffice.org/DevelopersGuide/DevelopersGuide.html
  OpenOffice API Devlopment Guide

9   Abbildungsverzeichnis

- Bild 1   XSLT Prozessor

- Bild 2   OpenOffice XML – Baumstruktur

- Bild 3   Maske zur Erstellung neuer Filter

- Bild 4   Export – Dialog

- Bild 5   Vergleich der Stilbezeichnungen

- Bild 6   Befehl für Stil - Export